AF599872

EL PUEBLO

Ana Morán

Ilustrado por Soraya Moreno

Aliarediciones

Corrección: Inés González Calo y Eladia Guerrero
Diseño de cubierta e ilustraciones: Soraya Moreno (@elbesodeunaabeja)
Fotografía de la autora: Julio Vergne (@juliovergne)
Maquetación: Aliar Ediciones

Depósito Legal: GR 979-2025
ISBN: 979-13-87823-54-2

Impreso en España

Edita
ALIAR Ediciones
www.aliarediciones.es
info@aliarediciones.es

EL PUEBLO

Ana Morán

Ilustrado por Soraya Moreno

A mi madre, Anita, y a mi nieta, Grecia

NOTA DE LA AUTORA

Como casi todo en mi vida, este libro «nació» por casualidad y sin vocación de trascender.

Durante lo más crudo de la pandemia del COVID-19 (especificación para generaciones futuras), no me sentí atraída por la elaboración de pan, el método Marie Kondo o el acaparamiento de papel higiénico.

Yo decidí asomarme al mundo desde la ventana que me ofrecen las redes sociales, y hablar desde mis escritos a quien quisiera prestar oídos y ojos.

Cada martes a las 6:30, desde el móvil, volqué los recuerdos de mi infancia temprana en El Pueblo.

En media hora tenía lista la publicación y a las 7:00 aparecía en Instagram. Mi incontinencia verbal, como desahogo personal y entretenimiento de mis seguidores, quedaba reflejada en unos escasos párrafos.

Como no releía lo anteriormente escrito, nunca fui consciente de la continuidad y coherencia del texto.

Cuando llevaba un par de meses, una amiga me comentó: «Ana, ¿sabes que has escrito un libro? Deberías editarlo»; y, como es evidente, seguí su consejo.

Pero vamos a ver, ¡que lo he escrito con un dedo, en el móvil y casi de madrugada...!

No daba crédito.

Meses más tarde, también por casualidad, asistí a un multitudinario evento en mi ciudad y justo cuando me disponía a marcharme una chica me abordó tras reconocerme:

—Hola, por fin coincidimos, soy Angela de @old_fashioned_victim

No hubo besos y embozadas, como exigía la situación, no era el momento de charlar.

—¿Volverás mañana? —le pregunté.

—No, mañana me voy a mi pueblo.

—¡Vaya! Otra vez será. Pásalo bien.

Y me dispuse a traspasar el umbral cuando una sensación de bola ascendente me llegó al estómago.

—Espera, Ángela, ¿tú de qué pueblo eres?

¡Y sí! ¡De El Pueblo! ¡Mi Pueblo!

—Pues acabo de escribir un libro sobre él.

—¡¿Qué me dices?!

—Lo que oyes.

Y mientras permanecíamos boquiabiertas y ojipláticas, la muchedumbre nos separó, arrojándome a la calle y dibujando una sonrisa pícara en mi boca.

Lo mejor está por llegar, esto no es más que otra señal del universo.

Por supuesto hablamos a diario durante semanas, hasta que me convenció para volver al pueblo, a su casa, con su madre, que resultó ser Esperanza, una de mis compañeras de juegos.

Me puso en contacto con el alcalde y el maestro, este último también me recordaba, y todos colaboraron para hacer posible una pequeña lectura pública de los primeros capítulos.

Es un libro autobiográfico y todo lo fiel a la realidad que puede ser basándose en los recuerdos idealizados de una niña entre los cuatro y los ocho años.

Probablemente mezclará acontecimientos, biografías y nombres, pero así es como lo recuerdo y no he querido contaminar mi historia contrastándola con realidades ajenas.

No tengo, pues, más que palabras de agradecimiento para mis paisanos; sí, paisanos, porque, como me dice Ángela María López Martín, yo soy Santanera y amén.

Por otra carambola del destino, Soraya de @elbesodeunabeja se ofreció a hacer las ilustraciones y no puedo estarle más agradecida por su precioso trabajo y la infinita paciencia a la hora de plasmar las imágenes que yo tenía en mi cabeza y que no siempre llegaba a explicarle con acierto.

Todas hemos trabajado con mucha ilusión y cariño para que esta historia llegue a los lectores.

Así que, sin proponérmelo, este libro ha resultado una obra coral de mujeres. A todas ellas mi agradecimiento infinito.

No siempre recordamos nuestros sueños, pero casi todos tenemos algunos recurrentes.

Desde las carreras a ninguna parte, las caídas al vacío y el movimiento de dientes, los míos siempre me conducen al mismo lugar, El Pueblo.

—Anita, ¿puedo pasar? Vengo a despedirme. Me voy al pueblo hasta septiembre.

Era Jesús, el sobrino maestro de Pepita, la vecina de enfrente.

Había terminado el curso escolar y volvía con sus padres, a su pueblo, a pasar las vacaciones.

—¡Qué suerte la tuya! ¡Este calor es insoportable! Pero pasa, pasa. Mira cómo están las niñas.

Las niñas éramos mi hermana, de dos años, y yo, de cuatro.

—Están lacias y las estoy refrescando con la regadera.

Cargado con la maleta, un canasto y varios paquetes, Jesús nos miró estupefacto desde la entrada, mientras mamá nos seguía regando.

Siempre veo esta escena en blanco y negro, como en una película del neorrealismo italiano, aunque sé que mi madre vestía un vestido ligero estampado en cachemir de tonos azules y malvas y que las baldosas del suelo eran verdes y rojas.

—Si quieres me las llevo. Prepárales las maletas que voy avisando a mi madre...

Y nos llevó.

No sé cómo mamá fue capaz de tomar esa decisión sola, siendo tan joven. No podía comunicarse con mi padre para consultarle, no conocía El Pueblo ni a las personas que nos acogerían y éramos muy pequeñas.

En cualquier caso, bendita decisión que tanto cambió mi vida.

Del viaje solo guardo el recuerdo de la bonita y abarrotada estación del Prado de San Sebastián, que permanece actualmente igual que en mis recuerdos, y una escena, casi berlanguiana, del autobús que se tragaba un sinfín de maletas, bicicletas, canastos y bultos para llevarlos en la panza hasta su destino.

El calor debió agotarnos a mi hermana y a mí e hicimos las más de dos horas de viaje durmiendo en el asiento contiguo al de Jesús, pegadas al *skay* como con cinta americana.

SAURE

En la siguiente escena, una brisa cálida nos abrazó mientras entrábamos por el portón de madera oscura al patio florido de una casa grande.

Jesús saludó a sus padres, soltó todos los bultos y, después de besarnos en la frente y pellizcarnos los mofletes, se marchó.

Un perro peludo, de mi misma altura, vino a inspeccionarnos y, tras un par de vueltas y olisqueos, decidió que no éramos interesantes y se marchó. Era Truhan.

Las gallinitas inglesas nos picoteaban los dedos de los pies atrapados entre las tiras de las sandalias, sin reacción por nuestra parte. Aún estábamos adormiladas.

—Hola, niñas. Yo soy Mercedes. Jesús me ha dicho que sois muy buenas. Podéis llamarme abuela. Tú, la mayor, dormirás en la primera alcoba. ¡Súbete a la cama que vais a dormir la siesta!

Me subí, trepando, a una cama enorme con cabecero metálico y perilla para la luz, donde un colchón de lana me engulló hasta las orejas. Mi hermana fue subida en volandas y, una vez comprobado que no iba a dormir sola en otra alcoba, la fuerza de la gravedad nos amontonó inmisericorde.

Estaba en El Pueblo, donde todo era nuevo: nuevos olores, colores y sonidos.

No sé qué fue de Jesús. No lo volví a ver. Todo fluía de manera natural.

Estaba en El Pueblo. El Pueblo donde aprendí de la naturaleza y de la vida casi todo lo que aún hoy en día sé. El Pueblo que, en mis sueños, sigue enseñándome ahora, desde la patria común a todos: la infancia.

Todo lo que cuento pasó realmente. No fue un sueño y, si lo fuese, me gustaría seguir soñando.

No recuerdo cuánto tiempo estuve engullida por el colchón de lana, enredada con los brazos y piernas de mi hermana.

Sé que no echaba de menos a nada ni a nadie.

¡Había tanto por descubrir...!

Un ruido de cacharros en la cocina nos sacó del letargo y conseguí llegar hasta el origen a pesar de llevar enganchada en una pierna a mi hermana.

El abuelo, un hombre alto, barbudo y enjuto, venía del patio con una sandía enorme. Se la dio a la abuela, que la frotó con un paño mojado en lo que aprendí que se llamaba lebrillo, un recipiente de barro vidriado decorado al modo tradicional de la zona. Una vez limpia, la depositó encima de la mesa.

Por un momento perdí de vista a mi hermana y jugamos unos minutos a escondernos detrás del portento vegetal.

—Venid a por un plato y un paño. Vamos a merendar.

El abuelo, siempre seguido por Truhan, sacó una navaja nacarada del bolsillo, la desplegó y la clavó en la sandía, abriéndose esta por la mitad con un crujido seco.

—Dales el corazón que tiene menos semillas.

—Abuela, ¿las sandías tienen corazón?

El abuelo me alborotó el pelo y sonrió a la abuela, que le devolvió la sonrisa.

—Poneos los paños como baberos.

Todo lo que había en El Pueblo era nuevo, el sabor de la sandía también, y fue un visto y no visto.

—¿Ya estáis?

—¡Sí, abuela! —contestamos a coro.

Allí estábamos las dos, churreteadas y pegajosas, peinadas con dos coletas altas. Yo, pecosa y desgarbada, y mi hermana como un angelote de Murillo.

—Al final de la calle está la plaza y, antes de llegar, en la acera de enfrente, está la tienda.

Agachó la cabeza y rebuscó en el bolsillo del delantal.

—Tomad y comprad pipas.

Con una moneda en una mano y la manita regordeta de mi hermana en la otra me vi en la calle.

No había coches. Ni uno siquiera.

Acera estrecha, calzada empedrada. El cielo era una cinta azul festoneada por el borde redondo y ondulado de las tejas y atravesado por cables negros de los que colgaban bombillas de plato.

El blanco de la cal de las paredes no me dejaba abrir los ojos hasta llegar a la sombra.

Me sentí mayor, importante, iba sola por la calle, no estaba perdida y cuidaba de mi hermana.

Hasta para una niña de cuatro años era palpable la ausencia de peligro.

Mi aventura no había hecho más que empezar.

Cuando llegamos al final de la calle, casi por intuición, entramos en la casa indicada por la abuela.

Una cortina de cadenitas de colores se enredó en nuestras coletas y mientras nos zafábamos una voz aguda nos habló desde el fondo de la estancia.

—¿Sois las capitalinas? Yo soy Brígida. ¿Qué queréis? Acercaos. Está todo oscuro para mantener el fresco. A ver qué os vea, ¡sois muy nuevas!

Me acerqué a una mesa guiada por el olor de las flores frescas del jarrón. Junto a ella, Brígida, toda enlutada y con un delantal blanco, se balanceaba en una mecedora que parecía flotar.

Ella encarnaría en mi imaginario a la Clara de *La casa de los espíritus.*

Deposité la moneda en la mesa y señalé un tarro de cristal que contenía pipas de girasol.

—Te doy un cartucho para las dos si os las coméis en la puerta y tú se las pelas a tu hermana, no sea que se atragante y es muy nueva.

Eso de «nueva» me dejó descolocada por unos segundos.

—¡Vale!

Mientras pelaba y comíamos las semillas sentadas en el escalón de la entrada, mirábamos extasiadas el ir y venir de las golondrinas a sus nidos. Unas veces cuatro, otras veces tres, asomaban las cabecitas calvas de las crías, que eran todo pico rosado abierto.

Jugábamos a ser ellas y piábamos por turnos, dándonos de comer la una a la otra, batiendo los brazos y sacudiendo las piernas.

Un hombre montado en un burro venía desde el fondo de la calle, como a cámara lenta. Lo miré poniendo mis manos sobre los ojos a modo de prismáticos.

Paró a nuestra altura y un enjambre de moscas nos hizo cerrar la boca y pegarnos contra la pared.

—¡Zagalas! Mercedes quiere que volváis a la casa. ¡Sin correr, que el suelo está duro!

Ahora «zagalas». ¡Qué raro hablan en el pueblo!

—¡Vale!

Mientras volvíamos, las luces que colgaban de los cables se iluminaron tenuemente y comenzaron una danza con el viento, lanzando contra la pared sombras fantasmagóricas que nos hicieron olvidar lo duro que podía estar el suelo.

—Venga, pasad al corral. Tenéis que asearos antes de cenar.

¡Madre mía! «Asearse», otra palabra rara.

—¡Vale!

Una habitación al fondo del patio, con una cortina en la puerta de cuentas de cristal, era nuestro destino.

Entramos a la luz de dos candelabros que había sobre un estante y vimos cosas que no tenían nombre conocido para mí.

Una silla con toallas y jabón, una palangana con agua caliente que flotaba en un mueble alto de palillería redondeada como sarmientos y una especie de lebrillo grande, enterrado en el suelo, con un agujero en el fondo que hizo retroceder a mi hermana hasta la puerta.

Ahora tenía que averiguar qué era «asearse».

Una vez realizada una minuciosa inspección ocular del cuarto y comprobado que las arañas cabezonas y patilargas de las esquinas no se moverían de su tela, llegó la primera crisis:

—¡*Tenno* pipí!

El lebrillo del suelo no nos generaba confianza, así que senté a mi hermana en la palangana con el agua y, cuando terminó, la volqué lo más cerca del agujero que pude.

Miramos tras la cortina para ver si nos esperaban... Nadie.

—¡*Tenno ammbe*!

—Yo también.

Escupí en el pico de una toalla y nos refregamos la cara y las manos enérgicamente.

Y aquí se produce un fundido en negro.

Doy por hecho que la abuela supervisaría nuestro particular «aseo» en los días siguientes.

No recuerdo nada de la semana que pasamos sin mamá.

Tengo imágenes del fuego en la chimenea: mi mano acariciando la hierba alta en un paseo por el campo de la mano del abuelo, chapoteos con los pies descalzos en una acequia llena de renacuajos, Truhan rascándose la oreja con la pata trasera y mi hermana intentando hacer lo mismo, rebanadas de pan caliente migadas en el café con leche, las moras de los muros de piedra seca, las campanas de la iglesia...

—Ana María, ve con tu hermana donde Matilde, vuestra madre os quiere hablar.

Matilde era la telefonista y manejaba la centralita desde una casa al principio de la calle de La Fuente.

Nunca la vi fuera de esa especie de cajón de madera con puerta de cristal, desde donde mi madre decía que le hacía la radiografía a todo bicho viviente...

Seguramente, a lo largo de los años, yo rebauticé a la telefonista poniéndole el nombre del personaje de una campaña publicitaria de la compañía telefónica. No me consta, pero seguramente sea así.

—Niñas, vuestra madre se va a comunicar en unos minutos. Entrad en la cabina mientras pongo las pilas.

Tomó dos botes gordos de cartón rojos y negros, los colocó en su sitio y giró una manivela con tanto ímpetu que la rebeca que llevaba sobre los hombros cayó al suelo.

—Anita, le paso con las niñas.

Y como si se hubiera desbordado un río, mamá preguntó si estábamos bien, si éramos buenas, si comíamos, bebíamos y dormíamos bien...

Justo cuando creía que me tocaba hablar a mí la oí decir:

—El sábado llegaré al pueblo. Papá ha encontrado una casa para nosotras y nos quedaremos todo el verano.

Solté el auricular y arrastré a mi hermana corriendo y saltando como una cabra, en dirección a la casa de la abuela.

—¿A dónde vais? ¡Qué niñas!

—Anita, se han ido sin despedirse.

—Discúlpelas, mujer, como habrá podido oír, llego el sábado y están muy contentas.

Ya en casa de la abuela Truhan salió a recibirnos rechupeteándonos las caras y empujándonos hasta el patio.

—¡Mamá! ¡Mamá —(sin resuello)— viene el sábado! Y ¡ha dicho que nos quedamos!

—¡Nos quedamos todo el verano! Eso es mucho, ¿no?

Mi hermana lloraba, la abuela reía y yo daba vueltas sobre mí misma alrededor del pozo en el patio.

La abuela nos había preparado la maleta y, desde muy temprano, estábamos vestidas de punta en blanco, sombreritos incluidos, y sentadas en la acera de la sombra en la calle de La Fuente.

Bajo mis piernas abiertas, veía pasar un reguero de hormigas negras cargadas de palitos, pajitas, semillas... todas desaparecían por una rendija entre dos adoquines del bordillo. El abuelo me había dicho que son las provisiones que llevan al hormiguero para poder pasar el invierno, que había una fábula de un tal Esopo que contaba esto, *La cigarra y la hormiga*, y a mí me extasiaba contemplar la caravana.

Mi hermana se había tumbado y reía mirando los nidos de golondrinas del revés.

Pasaban hombres camino del campo con las azadas al hombro, y mujeres con canastos de ropa que iban calle abajo camino de los lavaderos.

Todos nos saludaban por nuestros nombres y nos sonreían.

Yo los paraba y les contaba la noticia que ya sabían desde hacía una semana, y parecían alegrarse mucho.

Mamá estaba en camino.

—Rafaela, se siente un coche.

Rafaela y la abuela se levantaron de sus sillas, se sacudieron y extendieron los delantales.

—Niñas, no os bajéis de la acera, pegaos a la pared.

Cogidas de la mano y de puntillas contra la pared vimos acercarse una camioneta blanca.

Niños, perros y gatos la seguían y saludaban cada uno a su manera, con gran bullicio.

No se había detenido del todo cuando una mujer alta, morena, de cabello largo recogido en un moño y con una sonrisa iluminada, de un salto se plantó en la calzada, se inclinó y abrió los brazos, llamándonos.

—¿¡Y mis niñas!?

¡Era mamá! La mujer más guapa que conocía, nadie olía como ella, cantaba como ella ni tenía la piel tan suave como ella.

Con el tiempo descubriría que también podía haber sido medallista olímpica en lanzamiento de chancla, pero esa es otra historia.

Ahora, mamá había llegado al pueblo y las tres a la vez, cogidas de la mano, traspasamos el umbral de nuestra nueva casa.

La casa me pareció muy grande, pero solo porque yo era pequeña. Los veranos sucesivos irían convirtiendo lo que para mí era una catedral gótica en una capilla románica.

Todas las casas de El Pueblo tenían una estructura muy parecida: entrada amplia de dos hojas y pasillo igualmente amplio, que permitía el acceso de una bestia cargada hasta el corral del fondo del patio, habitaciones a distintas alturas, cuarto de aseo en el patio y muros tan gruesos que alojaban alacenas con grandes tinajas y chineros.

Una empinada escalera conducía desde la entrada al primer piso.

—¿Qué hay arriba, mamá?

—El *soberao*, y mírame, está terminantemente prohibido subir, ¿me has oído? —me dijo con el dedo índice en alto.

—¡Síííí!

«Soberao», no sé por qué ella también hablaba raro.

Mamá entró abriendo ventanas mientras se colocaba un pañuelo en la cabeza y se ajustaba un delantal «de cuerpo entero» (una bata sin mangas), que causaría curiosidad entre las paisanas y, aún hoy, alguna recuerda como algo nunca visto hasta entonces.

En el centro de la casa se alojaban la cocina y el comedor en una misma sala con chimenea y una profunda alacena a cada lado de esta, donde se albergaban unas enormes tinajas con tapa de madera.

Al fondo, un pequeño patio encalado con pilón de piedra y una parra de sombra que lo cubría todo hasta el cuarto de aseo. Y sí, el lebrillo cíclope también estaba presente.

Los dormitorios se sucedían uno dentro de otro, separados por un escalón alto y gruesas cortinas.

—Anita, dale un pellizco a la pared.

—Sí, mamá, dale, que se enciende la luz.

—En el arcón del fondo está la ropa de cama.

—Hay luz desde hace poco y algunas veces se va. Pero no te preocupes, el municipal se encarga de cambiar los plomos que están allá por San Bartolomé. José María ya está cargando el agua en la fuente y en un rato te llena las tinajas. Ya le dices si mañana tiene que volver. En la plaza está Tomás, la tienda de ultramarinos, y el sábado viene el camión del pescado. Matilde está al final de la cuesta y te avisará cuando tengas conferencia. Si necesitas algo, ella es Rafaela. Vive en la acera de enfrente y su chico es quinto de la tuya.

La abuela se fue y Rafaela nos cogió de la mano.

—Me llevo a las niñas para que jueguen con Alberto. Mientras tú apañas la casa, yo voy preparando un *buchino* de café.

—¡Gracias, Rafaela! ¡Hay arañas enormes en todos los rincones!

—No las quites, Anita. No pican y se comerán todos los mosquitos.

—¡Madre mía! Con el asco que me dan los bichos...

Y mientras salíamos, mamá había conectado la radio de la abuela Oliva.

Concha Piquer cantaba *Ojos verdes* mientras corríamos camino de la plaza arrastrando a Alberto ante la mirada atónita de su madre.

—¡Alberto, «atácate» los pantalones!

Nuestros primeros días, desde que llegó mamá, fueron un trajín de personas, animales y todo tipo de cacharros entrando y saliendo de la casa. Llegaron canastos de embutidos, panes de kilo, verduras, melocotones y dos mecedoras pequeñitas para nosotras. También los roscos y pestiños de Amalia que mamá guardaba en una lata en la parte alta de la chimenea.

—Esto es para los mayores. Tienen mucho azúcar y es malo para los dientes.

¡Como si ella no tuviera dientes!

Rafaela y su familia vivían un poco más arriba. El marido había emigrado a Alemania; el hijo mayor, Celestino, estaba haciendo el servicio militar; Antonio y Rafael ayudaban al abuelo Perico en el campo y con los animales, el pequeño Alberto era «quinto» de mi hermana y tenía una salud frágil desde su prematuro nacimiento. Esto lo hizo merecedor de toda la atención y cariño de mamá, a quien él llamaría para siempre su «madre seca».

Mamá era la mujer del momento. Joven, guapa, simpática y de la capital.

Todas las tardes, después de comer y mientras mi hermana y yo permanecíamos engullidas por el colchón a la hora de la siesta, una procesión de sillas y mecedoras cargadas por mujeres jóvenes recalaba en el zaguán.

Mamá lo había refrescado baldeando el suelo, regando las *pilistras* y colgando una cortina mojada y pulverizada con agua de colonia en la puerta de entrada.

Las mujeres iban pasando y acomodándose en un semicírculo. En el centro, la radio de la abuela Oliva chisporroteaba mientras mamá buscaba la emisora.

Todas tejían con agujas metálicas largas y yo podía oír el roce entre ellas como si una legión de carniceros afilase sus cuchillos, unos piratas abordaran un barco, o como si los mosqueteros se batieran en duelo. El caso es que me inquietaba enormemente.

—Quedan diez minutos para que empiece la novela. Hoy haremos el mantón y empezamos con tres puntos del derecho. ¿Alguien tomará café?

—Todas menos Encarna, a ella ponle una tila, que desde que Eloy se fue a la mili anda *estartá* de los nervios y el café le da llantina.

—Vale, lo sirvo en la publicidad.

—¡Silencio, que empieza!

Una voz cavernosa anuncia desde la radio el comienzo de la novela.

Las agujas han parado y el crujir de las mecedoras también.

—¡*Cumbres borrascosas*! Basada en una novela de Emily Brontë.

Truenos, silbidos del viento y ruido de lluvia en los cristales invadían la casa.

Mi hermana y yo permanecíamos paralizadas por el miedo y la presión del colchón.

Solo el olor del café nos sacaba del trance y, con unas palabras mágicas para una madre, también de la alcoba.

—¡Mamá, tenemos hambre, y la hermana pipí!

Aún hoy no he superado el trauma de esas retransmisiones radiofónicas y no suelo escuchar la radio a no ser que esté acompañada.

La hora de la merienda era como el resucitar de los cuerpos agostados.

Las amigas de mamá recogían los trastos y se despedían hasta el día siguiente algunas, y hasta el anochecer, otras.

Todas menos Rafaela, que sabía que Alberto no merendaría si no era con mamá, y Amalia, para mí, la cara más bonita del pueblo y la que hacía los mejores roscos y pestiños. Vivía en una casa enorme que fue pensión hasta poco antes de llegar nosotras y me dejaba subir al *soberao* para ver los preciosos muebles antiguos que allí se apilaban. Además, era igualita a uno de mis cromos de caritas coloreadas sobre flores, por eso se lo regalé el último verano en el pueblo.

Antonio, el segundo hijo de Rafaela, se sentaba en la acera de enfrente para observarnos, sobre todo a mamá. Le encantaba escucharla cantar, pero su timidez le impedía hablarnos.

Él también emigraría a Alemania con su padre y, años después, su hermano Celestino se casaría con una guapa mexicana y formaría una familia en Puebla.

Ninguno de los dos volvió al pueblo, fallecieron muy jóvenes y yo apenas los recuerdo por otra cosa que no sea el altarcito de fotos familiares de los que se marcharon.

Tras la siesta, mi hermana y yo corríamos al balde de zinc que había en el patio y nos refrescábamos como dos cachorritos hasta que se nos arrugaban las yemas de los dedos, de manos y pies.

El *nesky* que traía papá de la base americana humeaba en los jarrillos de lata y porcelana con vistosas flores y mamá nos daba caza, tras algunas carreritas, armada con peine, cepillo y *fly-fly* con agua de colonia.

Una vez repeinadas, *encoloniadas* y con pintas de ir a construir la muralla china (¡cómo tiraban las trenzas!), teníamos permiso para coger el «hoyo». El hoyo era la gloria en forma de pan, pan de miga esponjosa y corteza tierna que era vaciado parcialmente, en vertical y rellenado de azúcar portuguesa, con el aceite con el verde más bonito que vería jamás y el tapón de su propio migajón, al que dábamos un besito antes de comerlo.

Mamá había preguntado al panadero si no podría hacer unos panes más pequeños que los tradicionales de kilo y corteza dura, algo más blandito para las niñas, y tuvieron tanta aceptación que los elaboró durante años.

Siempre merendábamos en el escalón de mármol de la entrada. Cuando mamá no miraba, dejaba caer pequeñas miguitas con las que atraía y desviaba a la fila de hormigas negras que subían desde la fuente hasta la plaza al final de la cuesta, para desaparecer por otra rendija entre el empedrado y el bordillo del acerado.

Otros trocitos más grandes estaban reservados a las golondrinas y a sus crías, que se encargaban de poner la estridente banda sonora hasta la puesta de sol.

—¡Terminamos, mamá!

—Lavaos las manos y podéis ir a jugar a la plaza. Cuando se enciendan las luces os quiero de vuelta. Portaos bien. Cuida de tu hermana, y tú, haz caso y no te alejes de la plaza...

Para cuando mamá había terminado la primera frase, ya habíamos alcanzado el final de la cuesta y la saludábamos con la mano.

Ella seguía con su retahíla alzando la voz y tirándonos besos a dos manos.

Dentro de la plaza había una parte elevada que daba entrada a la iglesia y, en medio, una morera enorme.

A su sombra se sentaban los mayores y los niños jugábamos a piola, el escondite, el corre que te pillo, a la comba o al trompo.

Durante las fiestas de la patrona, en julio, se celebraba «la subasta»: productos elaborados, cestas de frutas, verduras, chacinas o animales eran aportados por los vecinos y subastados entre los asistentes. Así se aportaban fondos a la Hermandad y, de alguna manera, todos eran partícipes de las fiestas, paisanos y foráneos. Siempre bajo la sombra de la morera.

Nunca me pregunté qué hacía mamá cuando nos íbamos, pero habitualmente la encontrábamos arreglada, con sus pendientes largos de bisutería «fina», esos que fascinaban a Mari Paz, la hija del municipal, y que aún hoy es capaz de describirme con todo lujo de detalles.

Sentada en la mecedora preparaba las moñas de jazmines para las mesitas de noche que hacía con la palma de la escoba y reservaba una para ponérsela en el pelo. Siempre nos recibía con una sonrisa y la cena en la mesa.

A la hora de dormir éramos liberadas de nuestras trenzas y nuestros ojos volvían a redondearse mientras mamá nos cepillaba el cabello y nosotras ronroneábamos de placer.

Desde su cama, en la alcoba de al lado, nos guiaba en nuestro torpe intento de declamar la oración al ángel de la guarda y luego nos contaba un cuento inventado hasta que nos dormíamos, uno distinto cada noche.

—¡Buenos días, niñas!

Mamá ya estaba vestida y tenía los labios pintados. Jugaba con nosotras haciéndonos cosquillas, pero nos evitaba para no mancharnos.

—¡Arriba, arriba! ¡Viene papá! A desayunar rapidito.

Nos vistió y peinó apresuradamente.

Se paró ante el espejo de la cómoda. Estiró su vestido, se atusó el pelo con las dos manos y se colocó la moña de jazmines.

Mientras, a lo lejos, el claxon de un coche ponía en alerta a todo el pueblo, perros, gatos, cabras, burros y pollos incluidos.

Un coche rojo giró en la plaza y apareció en la parte alta de la calle de La Fuente.

—¡Anita! Vienen a tu casa, han preguntado por ti en la casa del maestro... ¡Vienen en un coche sin techo y el que conduce es un negro!

Eran papá y Jorge.

Papá trabajaba para los militares de las bases de Morón y Rota.

Se encargaba de buscarles vivienda, profesores de español para sus hijos, guías para visitar monumentos, entradas para los toros o les montaba una juerga flamenca.

Jorge era un joven capitán de origen afrocubano con la sonrisa más amable y blanca que he visto en mi vida.

Detrás del descapotable venía un pequeño remolque con un paquete muy voluminoso.

Yo salté a los brazos de Jorge y mamá y mi hermana a los de mi padre.

Ya sabía que papá no podría casarse conmigo, ni siquiera cuando yo fuese mayor, pero Jorge, Jorge podía ser mi novio y llevarme a América.

—¡Mamá! ¡Traen pastelitos de malvaviscos y Nesquik de fresa!

Medio pueblo (de trescientos cincuenta habitantes) se agolpaba alrededor del descapotable.

Algunos hombres ayudaron con el remolque y el voluminoso paquete atravesó en volandas la casa, aterrizando suavemente en el patio trasero.

Allí quedaron las mujeres mientras los hombres se dirigían al bar de Rosalía y los niños tomábamos el coche como si fuera un fuerte.

Mamá retiró el embalaje bajo la expectante mirada de las paisanas.

—¡Una lavadora!

La primera lavadora que llegó al pueblo cuando aún no había agua corriente. José María se encargaría de traer el agua de la fuente para llenarla dos veces por semana.

Esa tarde Jorge y yo bailamos *rock and roll* en el patio del bar y jugamos al futbolín y al billar hasta el anochecer.

Las visitas de papá siempre duraban poco, pero daban como para tener entretenimiento y temas de conversación hasta la siguiente.

Las revistas y discos se quedaban en el club que frecuentaban los jóvenes y supervisaba el sacerdote...

El *whisky* y el tabaco americano, en el bar.

Y en casa, todo tipo de botes, latas y *sprays* con nata, quesos y salsas, pequeños electrodomésticos y algunas prendas de ropa deportiva.

—¡Niñas! ¿Dónde estáis?

—La hermana ya se ha ido con la hija del Colorao, mamá.

—¿Otra vez? Espero que no vuelva con otro bicho. Lo del guarro tenía un pase, pero ¡un murciélago...! Ven tú conmigo. Tu padre quiere pollo para comer y voy a que me lo prepare Celestina.

La casa de Celestina era una de las más grandes del pueblo.

El marido y los hijos habían emigrado a Alemania y a su vuelta convirtieron el *soberao* en una planta habitable, acondicionaron la bodega y empedraron el inmenso patio como si fuese una era.

Pavos, patos, gansos, ocas y gallinas de varias razas picoteaban al sol entre las piedras.

Celestina siempre vestía de negro.

Huérfana desde los diez años, guardó luto por sus padres hasta el casorio, que también fue de negro, y más tarde los suegros, hermanos, marido e incluso algunos hijos convirtieron sus largos y negros ropajes en su seña de identidad.

Solo en casa, usaba unos bonitos y coloridos delantales que su hijo menor mandaba desde México.

Muchos años después, cuando leía *Cien años de soledad*, el patio de la escena final de los Buendía fue siempre para mí el de Celestina, a la que llegué a apreciar cuando fui mayor.

—¡Buenos días, Anita! Pasa, estoy en el corral.

El remolino de aves nos rodeó con un ensordecedor cacareo.

—Toma, niña. Dale de comer a las gallinas. Es maíz arcoíris que me trae mi hijo cuando viene de México.

Mientras yo desgranaba la colorida mazorca y las aves me asediaban, Celestina, estoicamente, cuchillo en mano agarró a un pollo y lo descabezó...

Pude ver, aterrorizada, cómo corría su cuerpo mientras los gatos se hacían con la cabeza y se subían a la parra con el botín.

Mi madre se *aflató*, yo grité y lloré mientras corría hacia la puerta de la calle, donde me di de bruces con Teo.

—¡Tu abuela es mala, tu abuela es mala!...

—No llores. —Y me ofreció el pico de su camisa.

Con unos años más que yo, Teo era alto, delgado y pelirrojo. Ayudaba con los animales y en el campo, pero algún día él también se iría a México y volvería con un descapotable, o eso creía yo.

—Ven conmigo a la panadería y de camino te enseño algo.

Me tomó de la mano y caminamos hasta la fuente de la carretera, a la entrada del pueblo.

—Lávate la cara. Siéntate y no toques nada.

Metió la mano en el morral y sacó un trapo sucio que envolvía una cajita metálica.

—Ábrela, sin tocar lo que hay dentro.

—¡Oh! ¿Cómo se llama? ¿Dónde la has encontrado? ¿Es venenosa? ¿Qué come? ¿Puedo quedármela? ¡Es la oruga más bonita del mundo!

—No puedes quedártela, se moriría y no podrías ver a la mariposa en la que se convertirá.

Volvió a guardarla.

El panadero nos había visto y nos llamaba con la mano.

Pepe, el panadero, trabajaba siempre en camiseta de tirantes, sí, como Marlon Brando en *Un tranvía llamado deseo*, pero recuerda que yo solo tenía cuatro años... aun así, me parecía guapo y muy simpático.

—¿Qué le pasa a la zagala que viene *enmorecía*?

Teo se encogió de hombros.

—¿Me dejas que te ayude a hacer pan?

—Vamos a hacer algo mejor: Teo va a sacar una mesita al patio, yo te voy a dar masa y tú puedes hacer figuritas que luego pondremos en los ladrillos al sol.

Ya no me acordaba del pollo, ni de la oruga, ahora haría un caballo de pan ¡y se podría comer!

—¿Has terminado? Tengo que ayudar a trillar en la era. Puedes quedarte o venir y luego volvemos a recoger tu pan.

La era estaba por encima de la panadería y de la casa del cartero, en una pequeña colina que dominaba el pueblo desde la carretera, frente a la ermita de San Bartolomé. La subida era penosa para mis cortas y desnudas piernas, pero Teo me subió a su espalda y me soltó sobre la paja al llegar.

—¡Hombre, ya era hora!

El abuelo Perico estaba enfadado y le pasó las riendas a Teo con gesto brusco.

—Arrea un rato a las bestias que tengo que aventar el trigo.

Pero en vez de eso, sacó una bolsita, lio un cigarro y sacó una cuerda gorda, naranja y negra, como el dibujo de una piel de serpiente, y encendió el cigarro. Era la primera vez que veía un mechero de yesca.

—Ven al trillo y túmbate, si te mareas me lo dices y te bajo.

—Vale.

Y allí tumbada vi pasar las nubes mientras masticaba un puñadito de trigo hasta convertirlo en chicle.

El Pueblo era mágico.

Mientras yo vivía mis aventuras estivales, mamá participaba activamente en la vida del pueblo.

Cantaba en el coro, velaba a la Virgen o al santo de turno que iba de casa en casa en una cajita de madera con puertecitas y a mí me daba repelús, aprendió a deshidratar fruta y a hacer todo tipo de dulces, bordó cintas para la carrera en bicicleta de las fiestas, hizo flores para la patrona, banderines de colores para adornar la plaza y algo que a mí me gustaba especialmente, embotar tomates y pimientos en todo tipo de frascos de cristal llenándolos hasta el borde y añadiendo unos polvitos blancos que yo chupaba a escondidas y que sabían a limón.

Durante las fiestas de la patrona muchas mujeres venían a casa para vestirse de mantilla y mamá ponía a su disposición su colección de bisutería expuesta en un bonito joyero.

Dejó de usar la lavadora para las piezas pequeñas, ya que de este modo podía acompañar al resto de mujeres al lavadero municipal, que se surtía del agua de manantial de la fuente, y luego tender la ropa al sol mientras cantaba coplas y boleros a petición de las paisanas y alguna que otra le daba la réplica con fandangos de la zona.

Este era el momento perfecto para saltar el muro de piedra seca del huerto de Celerino, que no se sabe si fue a por tabaco y no volvió o si seguía en Alemania.

Allí crecían las manzanas en las que tuvieron que inspirarse los hermanos Grimm y los dibujantes de *Blancanieves* de Disney.

Mis manitas no lograban abarcar la pieza y nunca cogía más de una, que frotaba y frotaba contra mi falda hasta que casi podía verme reflejada, y nunca, jamás, las he comido más ricas.

—Anita, esta tarde tenemos ponche en la alberca de Rafaela —comentó uno de los mozos que rondaba el lavadero.

—¡De eso nada!

—Está la novela como para perder ripio, y esta tarde empezamos con los flecos —contestó una de las solteras que invadían la casa a la hora de la siesta.

Con el alboroto llegamos los más pequeños y empezamos a corear, «¡Al-ber-ca, al-ber-ca, al-ber-ca!», aunque yo no tenía ni idea de lo que era una alberca, pero cualquier cosa me valía antes que soportar la tortura del serial y el calor del colchón a la hora de la siesta.

Mamá preparó la merienda en un canasto. Las tres vestimos unos encorsetados trajes de baño debajo de nuestras enaguas de tiras bordadas y los vestiditos de cuadritos de *vichy* que mamá nos hacía todos los veranos para llevarnos igualitas, como las niñas de *El resplandor*...

Creo que esa tarde todos comieron alguna mosca al ver a mamá entrar en el agua para comprobar la profundidad y poner dos cacharros boca abajo a modo de flotador para nosotras. Definitivamente, la alberca era un invento estupendo. Pasados los años, Esperanza me contaría que no fue una merienda, que fue una mañana que los niños siguieron a mamá como si fuera el flautista de Hamel*í*n y se unieron a la excursión sin intendencia prevista y sin permiso paterno.

En la Aldea, una pequeña población más abajo de la fuente, les dieron pan y avíos para un picadillo y echamos el día estupendamente, hasta la vuelta.

Un grupo de madres, en jarra, recibieron a sus retoños con cachetadas, coscorrones y amenazas de cadena perpetua.

Por una vez me libré.

Con cinco años, en mi segundo verano en El Pueblo, ya me conocía las calles, el camino a la era, a la ermita y al pino redondo. Pero había una calle que se me resistía, la del cementerio. Era larga, empinada y empedrada, como el resto de las calles, pero como decía mi madre: «no terminaba en ninguna parte».

Ese año, por varios sucesos, aprendí que la vida, toda clase de vida, tenía fin.

Una tarde, Quitín vino a recogernos después de la merienda. Era un chico de mi edad, delgado, *rubianco*, de ojos vivarachos y una cara de pillo a lo Oliver Twist de Charles Dickens.

—Voy al puente de la curva, ¿queréis venir?

Salir a la carretera estaba prohibido, ¡¿cómo no íbamos a querer ir?!

Salimos a hurtadillas y caminamos en fila india por el lado correcto de la carretera, viendo venir los coches de frente, eso decía Quitín, mientras balanceaba una talega de pan llena de bultitos redondeados.

Fue llegar al puente y quedarnos paralizadas.

De la talega comenzó a sacar gatitos minúsculos que arrojaba con fuerza al fondo del abismo que suponía el puente.

—¿Quieres tirar uno?

Di un respingo.

No podía hablar, no podía moverme y sentía cómo mi hermana se refugiaba tras mi falda.

—Mi padre dice que no se pueden mantener tantos gatos y todo el mundo los trae aquí.

—¡Nosotras nos vamos y no queremos ir nunca más contigo! —grité llorando mientras dudaba en cruzar la carretera.

Se encogió de hombros y guardó la talega vacía en su bolsillo.

Corrimos hacia la iglesia. Mamá estaría allí y nos consolaría... Pero ¡no podíamos contárselo! Habíamos salido de los límites permitidos sin permiso.

Un Salve Regina, agudo y chillón, sonaba desde el coro y no lo amortiguaba ni el grave trompeteo del órgano.

La escalera al campanario estaba abierta. Nunca habíamos subido.

Nos dimos la mano y nos escurrimos tras los bancos hasta la puerta.

Estaba oscuro. Desde arriba colgaban dos sogas del grosor de mis brazos. Los escalones eran altos, pero mientras subíamos dejábamos atrás el sonido del coro para escuchar uno nuevo y desconocido.

—¿Qué es eso? —me preguntó mi hermana con cara de susto.

—No lo sé —susurré mientras la ayudaba a subir el último escalón y empujaba la trampilla que nos devolvía a la luz.

—¿Qué hacéis aquí? ¿Os han visto subir?

—Creo que no. ¿Y a ti?

—Yo soy el campanero y puedo subir cuando quiera.

—¿Y eso que suena qué es?

—Eso se llama «crotoreo» y es el sonido que hacen con el pico las cigüeñas que anidan arriba.

Permanecía de espaldas a nosotras mirando hacia algún lugar, que nuestra corta altura no nos dejaba adivinar, mientras se fumaba uno de los puros que traía papá.

—¿Sabes que mañana viene mi padre? Seguro que trae más regalos... —le dije zalamera—. ¿Nos subes al escalón para mirar?

—Solo si no os asomáis, no puede veros nadie ni tampoco podéis contarlo.

Primero subió a mi hermana, pero como no había soltado el habano prefirió que la soltaran a ella.

A mí me sostuvo hasta que se cansó.

Mientras, miré lo más cercano: los tejados y los patios, las huertas y las acequias brillando como hilillos plateados bajo el sol y, lo más lejano, los verdes pinos y los grisáceos alcornoques, montañas y montañas en todos los tonos de verdes hasta llegar al azul...

—¿Hay árboles azules?

—No, eso que ves es el horizonte, el lugar donde el cielo toca la tierra.

—Algún día, cuando sea grande, iré hasta allí.

—Tú no lo sabes y no lo vas a entender, pero ya estás en el horizonte de alguien. Todos lo estamos.

Nos echó el humo a la cara y corrimos escaleras abajo al ritmo del crotoreo...

Con el tiempo, el campanero y yo entablamos una curiosa relación de amistad.

Me regalaba pequeños tesoros: piedras que parecían caracoles y que se llamaban fósiles, clavos de herraduras con los que hicimos anillos, flores que olían a regaliz y muchos refranes que intentaba explicarme, con cierta paciencia, y que yo repetía cual repelente niño Vicente en los momentos más inoportunos, haciendo exclamar a mamá: «¿De dónde habrá sacado eso esta niña?».

Pero nunca lo delaté, era mi amigo.

—¡Mamá, mamá! Hay luciérnagas en la parra del patio, ¡corre a verlas, que se apagan!

Era noche cerrada, hacía mucho calor, pero mi madre se había vestido y cerraba puertas y ventanas.

Alguien aporreó una de ellas mientras las campanas sonaban a arrebato.

—¿Qué pasa? ¿Por qué suenan las campanas? ¿Quién llama a la puerta?

—¡Calla y abre!

Era el municipal.

—Anita, cubre a las niñas con mantas mojadas y corred a la iglesia. Hay un incendio en el monte y el viento lo trae al pueblo, ya caen las pavesas.

Pues en plena noche agosteña corrimos cuesta arriba arrastrando las mantas mojadas nosotras y mi madre un canasto con víveres y un búcaro... ¡Con la de pilas que había en la iglesia!

Los hombres organizaron grupos y trazaron un cortafuegos con el tractor de Elías y la pala mecánica del corchero; las beatas rezaban de rodillas y se daban golpes de pecho que yo podía sentir en el mío; la mayoría de los niños dormían en los bancos, como mi hermana. Mamá preguntaba por los bomberos y la telefonista murmuraba mientras se abanicaba, dándose una paliza en el cuello con el abanico, «yo creo que me han oído antes de que se cortara la línea, sí, han tenido que oírme».

Nadie me prestaba atención y yo quería ver lo que pasaba fuera.

Sentí la pesada mano del campanero en la cabeza, alborotándome el flequillo.

—Sube, Jesús está arriba y me ha dado permiso, tu madre lo sabe.

Dos guardias civiles desplegaban un mapa sobre el suelo y señalaban distintos puntos.

El abuelo me tomó en brazos y me acercó los prismáticos que colgaban de su cuello.

Se me escapó un grito ahogado. Las llamas parecían estar al alcance de mis manos.

—No te asustes, es solo matorral bajo y el viento ha cambiado. No llegará al pinar ni al pueblo. Esto ha pasado porque ha caído un rayo.

—Pero no ha llovido, abuelo.

—Algunas veces las nubes chocan entre ellas, como las yescas, y las chispas caen en forma de rayo que provoca el fuego. Ahora baja y cuenta a todos que ya no hay peligro, pero que no abandonen la iglesia hasta que vuelvan las brigadas.

Sin pensarlo, bajé casi rodando y escalé hasta el púlpito antes de que el cura pudiera alcanzarme.

—Que dice el abuelo que no nos vamos a quemar, pero que tenemos que quedarnos hasta que lleguen los «braguistas».

De una colleja y agarrada por la oreja recibí la reprimenda del sacerdote y una parrafada de mi madre, que no sabía si reír o llorar por mi ocurrencia.

Al día siguiente, el pueblo olía a chimenea y todos se afanaban en barrer las calles y adecentar la iglesia.

El abuelo vino a verme y me felicitó por haber dado tan bien la noticia que tranquilizó al pueblo, y me advirtió de que no debía volver a subirme al púlpito para no enfadar a don Francisco y que el domingo llegarían los feriantes y habría casetas de tiro al blanco, sillitas voladoras, puestos de turrón y piñonate y barcas balancín...

Y en este punto, me quedé dormida en la mecedora.

El día comenzó tarde para los niños y, al despertar, solo un leve olor a humo recordaba la ajetreada noche en la iglesia.

Las mujeres no paraban de sacudir puertas y ventanas, barrer calles y patios y añadir al «buenos días» habitual un «vaya nochecita».

Mamá pareció recordar, de momento, que ya disponíamos de agua corriente y que la lavadora, arrumbada en el patio, podía tragarse todas las cortinas de una sola vez y llevarse el olor a tragedia.

A la hora del ángelus sonaron las doce campanadas habituales, mientras tres camiones, enormes, rodeaban la plaza y estacionaban en la parte trasera de la iglesia.

—¡Han llegado los feriantes! —gritaban los zagales que corrían por las calles anunciando la noticia.

Como me prometió el abuelo, habían llegado las «calesitas» o «cacharritos», que era como se llamaba a las atracciones de las ferias.

En pocas horas olía a manzanas con caramelo, algodón de azúcar, piñonate, turrón y coco.

El municipal, que había pasado la noche en vela, controlaba el espacio destinado a las atracciones y repartía coscorrones, como si fueran martillazos, a todos los que traspasábamos la línea pintada con cisco en el suelo.

Este año había sillitas voladoras, una noria del tamaño de una casa (de dos plantas, claro), las casetas de tiro al blanco y las barquitas en las que Teo me había prometido no solo columpiarme, sino dar una vuelta completa sobre el eje.

Esa tarde hubo café y novela, pero no siesta. Habíamos dormido casi toda la mañana y solo esperábamos el fin del capítulo para salir disparadas hacia la plaza, ¡hasta nos habíamos vestido y peinado solas volcando medio bote de agua de colonia sobre nuestras cabezas!

Teo llegó justo a tiempo.

Mamá le dio una retahíla de instrucciones junto a unas monedas.

—No las pierdas de vista. Que no coman nada hasta que yo llegue. Cuidado con acercaros a la caseta de tiro. Y no montéis solas en las barcas...

Pues nada, con una manzana caramelizada en una mano y algodón de azúcar en la otra, solo agarrada con las piernas al asiento, di mi primera y última vuelta completa sobre el eje de la barca mientras Teo la impulsaba, de pie, con su propio cuerpo.

Pegajosa y sobreexcitada, llegué a la caseta de tiro.

Todos los premios levitaban sobre unos palillos de dientes, y ese era el blanco, ahí había que acertar con el plomillo.

A la primera, para mosqueo del feriante, gané un mechero de yesca que regalé a Teo y yo me guardé el palillo perforado y el plomillo, con forma de diábolo, como trofeo en mi caja de tesoros.

Esa noche volvieron a sonar las campanas durante la madrugada, pero lentas y lejanas, como tristes...

A la mañana siguiente mamá no estaba cuando me desperté.

En la cocina trasteaba Andrea, la de la plaza. Una mujer menuda y delgada que mamá decía que era un látigo y que debió de comer en su juventud carne de grulla e iba a durar más que un martillo enterrado en manteca.

Ella sola llevaba la casa, el huerto, las cabras y las parcelas de alcornoques que heredó al casarse. Manolito, su marido, era algunos años mayor que ella y nunca tuvieron hijos.

Aun así, siempre tenía tiempo para nosotras, por eso, siempre que podía, nos íbamos con ella de excursión o nos cuidaba mientras mamá asistía al coro de la iglesia o a sus clases de dulces serranos.

—Andrea, ¿dónde está mamá?

—En la iglesia, con el resto de las mujeres.

—Las campanas han sonado mucho esta noche.

—Sí, tocaban a muerto. Anoche cuatro zagales que volvían de las fiestas del pueblo de arriba se despeñaron por un barranco. Los hombres han ido todos a intentar sacar el coche y traerlos para velarlos en su casa.

Evidentemente no entendí lo que pasaba, pero sí que no quería saber más.

—Dos de ellos eran hermanos... Sus padres no van a levantar cabeza. ¡Todos los veranos lo mismo! ¡Maldita carretera y malditas fiestas!

Mi hermana se despertó llorando y Andrea me dejó sola, mirando dentro del tazón migado, mientras la tomaba en brazos y le cantaba bajito.

Un pájaro que se estrelló contra el cristal de la ventana de la cocina me sobresaltó y corrí a refugiarme en las faldas de Andrea.

—¡Ea! Nos vamos a ordeñar a las cabras. Poneos las botas y unas rebecas sobre el camisón. Salimos por la puerta del corral.

—Este es Platero —dijo señalando a un mulo blanco—. Se lo puso Manolito, que le gusta mucho leer, y dice que así se llamaba un burro del libro que escribió su primo segundo de Moguer, *Platero y yo*. Ahora podéis ir una en cada serón, pero a la vuelta la leche irá en uno y vosotras en el otro.

Andrea nos explicaba cómo se llamaban los árboles y plantas que nos señalaba y para los remedios que se usaban.

Cuatro cabras asomaban la cabeza por encima del muro de piedra seca.

Después de darles de comer y dejar que las acariciáramos un buen rato, comenzó el ordeño.

Jugamos a abrir la boca y Andrea siempre acertaba dentro con el chorro de leche.

Intenté ordeñar yo, pero ese privilegio no me lo permitieron mis pequeñas manos hasta el verano siguiente. De vuelta a casa, mamá estaba frente al espejo, quitándose los alfileres largos de cabeza negra con los que sujetaba el velo que la cubría. Se volvió despacito y nos abrazó mientras murmuraba:

—No os habéis peinado, hoy tenéis que ser muy buenas y no correr ni gritar, el pueblo está de luto.

Así que nos fuimos a los lavaderos con los muñecos y lavamos los vestiditos. Mientras, de tanto en tanto, las campanas tristes volvían a sonar.

—¡Anita! Buenos días. Ya está aquí José María con la mula. Trae los serones grandes para las niñas y Andrea les ha puesto unas mantas para que no pinchen.

Hago una reflexión desde el presente: finales de julio en Andalucía, niñas con vestiditos de verano recociéndose entre las mantas de lana, ¡por menos quitan custodias hoy!

—¿A dónde vamos, mami?

—Vamos a unas pozas de manantial donde podréis bañaros mientras las mujeres lavamos la ropa con el jabón que hicimos en casa de Celestina, ¿te acuerdas?

La del pollo corriendo sin cabeza... ¡Como para olvidarse!

Días atrás habíamos estado en su patio, viendo cómo removía un caldero grande con restos de grasa de la matanza con un cucharón de mango largo. Cuando el mejunje alcanzaba el grado necesario de espesor y se añadía la sosa cáustica, se volcaba el contenido del caldero en unos moldes y se dejaban ahí hasta su maduración.

—¿Nos ponemos los bañadores? ¿Vienen todos los niños? ¿Nos quedamos a comer?

—Sí, hija, sí, y para ya, que me estás volviendo loca. Coge los sombreros grandes y las cangrejeras. Aquello es de roca y os podéis cortar.

Pues allá fuimos.

A mitad del camino ya me había quitado el vestido, puesto el bañador e iba de rodillas para evitar el roce de la manta. Y entonces los vi.

Los corcheros atacaban a los alcornoques con afiladas hachas y unas palancas con las que desnudaban a los árboles, sin hacerles daño, cambiando el color del paisaje del gris turbio, verdoso, al color calabaza tostada.

—¡Pedro! ¿No habréis sacado algún cucharro chiquitillo para las sevillanas? Las llevamos a las pozas y comeremos allí.

—Alguno hay. Te los preparo y los acerco cuando paremos a almorzar.

Los cucharros son la parte del corcho que cubre un nudo o protuberancia del tronco y que en su forma cóncava se usa para los picadillos, gazpachos sopas y ponches.

—¡Llegamos! —dijo José María mientras me bajaba del mulo.

Yo era una roncha con patas y no dudé un momento en meterme en una de las pozas heladas.

No me importaron las algas, las libélulas ni los pegajosos renacuajos y me quedé en remojo hasta que me sacaron amoratada de frío a la hora de comer.

—Si te portas bien y te comes toda la comida, te dejo que te pongas las gafas de agua que te trajo Jorge. Pero sin meterte en el agua, solo la cabeza.

Mamá puso toda la ropa lavada al sol, sobre las jaras. Quedaban tan blancas las sábanas que dolía mirarlas.

Comimos en los cucharros recién cortados y dormimos la siesta sobre las rocas a la sombra de los árboles. Pero antes pude usar un ratito las gafas de Jorge y observar el mundo subacuático, lleno de pequeños animalitos, de una poza.

A la vuelta, los serones llevaban las sábanas limpias y pude disfrutar del olor de los pinos, los jirones de nubes entre las ramas de los árboles, el ruido de los cencerros de las cabras que volvían de los campos, las abubillas crestadas y las coplas que mamá iba cantando.

En dos días vendría papá e iríamos a las fiestas de un pueblo cercano.

Del resto de los meses que no pasábamos en el pueblo no guardo más que vagos e inconexos recuerdos, pero de El Pueblo recuerdo hasta los desconchones de la cal de las paredes.

Un día antes de la visita de papá me ocurrió algo... extraordinario.

No sé por qué, seguramente por tener solo seis años, y aunque todos comentaban que el cartero tenía un *plomillazo* dado, yo nunca le tuve miedo.

No me saludaba, casi ni me miraba. Aun así, ese día me salvó la vida.

Capitaneando una excursión a la era, al otro lado de la carretera, y apoyada en un palo, esperaba a los demás niños, con tan mala suerte que el palo entró en un terrero (nido de avispas en el suelo). Cuando quise darme cuenta, estaba cubierta de ellas. Subieron por mi brazo y se metieron por dentro de mi vestido, aguijoneándome sin compasión. Todos corrieron despavoridos gritando. Yo gritaba más que nadie, hasta que llegó él, el cartero, y con un saco me sacudió el enjambre, me quitó el vestido y me llevó a la casa más cercana, que era la de los abuelos.

No dijo ni una palabra y se fue tan rápido como me había soltado en la mesa de la cocina.

Varias mujeres me quitaron los aguijones con pinzas y contaron hasta treinta y ocho picaduras, mientras mi madre me daba cucharadas de aceite de oliva a instancia del resto de féminas allí presentes.

—¡Mamá, que «gomito»!

—¡El pelo, hay que cortarle el pelo! Tiene la cabeza llenita de bultos.

—¡Mami, el pelo no! ¡Más aceite, pero el pelo no! No «gomito», palabrita que no...

Entonces volvió el cartero, esta vez con el médico, que despidió a todo el mundo y me puso una inyección y pomada en cada picadura. Él se quedó tras la puerta, como Boo Radley, el héroe protagonista de *Matar a un ruiseñor*, y yo era Scout Finch, la niña disfrazada de jamón.

Pude verme en un espejo cuando me llevaron a la alcoba y era incapaz de reconocer mi imagen.

¡Pues ni fiebre tuve! Y, al día siguiente, cuando llegó papá, nos fuimos a la romería. En mulo, otra vez, pero a horcajadas y vendada cual momia egipcia.

¿Cómo iba a perdérmelo si papá me había prometido un *bucarito* de agua que al soplar por uno de los orificios imitaba el canto de un pájaro?

Yo pasé todo el día soplando y mamá dando gracias en la ermita.

Desde la peña las vistas eran preciosas y había multitud de puestos con fiambres, dulces y cerámica tradicional con influencia portuguesa.

Todavía hay en casa un *bucarito* negro vidriado con el pitorro de cabeza de gallo.

Aún me quedaban dos veranos más de infancia en el paraíso.

Era el tercer verano que pasaríamos en El Pueblo. La casa a la que íbamos había sido comprada por otros «turistas» de un pueblo de Sevilla. Tenían dos hijos, un chico y una chica, y una tía muy guapa a la que llamaban «la nerviosa», supongo que por un tic que le hacía mover la cabeza y los hombros de manera espasmódica, como si chupara un limón agrio.

Al principio los miraba con coraje, me daba rabia no poder seguir disfrutando de la que yo creía mi casa.

Pero se me pasó pronto. Nos hicimos amigos y seguimos encontrándonos esporádicamente a través de los años.

La nueva casa tenía un patio-corral enorme donde habían instalado un baño completo. Contaba con un segundo piso, donde estaban los dormitorios, con balcones a la misma calle de La Fuente, y se podía ver la plaza.

Ese mismo año había hecho la comunión y ya tenía obligaciones dominicales.

Ir a misa de doce no era mi plan favorito para un domingo, así que me sentaba en el último banco con mi madre y llevaba más el ritmo de la música que de la letra.

Desde allí podía ver los cogotes de medio pueblo y embobarme con las motas de polvo que danzaban dentro del haz de luz de la vidriera. Era capaz de seguir el movimiento cadencioso de una mota hasta que esta salía del haz de luz y se la tragaban las sombras; y, como estaba en el último banco, era la primera en salir corriendo hasta Tomás para comprar chuches.

—No te vayas muy lejos. Papá está en casa de Rosalía y esta tarde prepararemos la fiesta en el patio. Ve donde las monjas y diles que sus niñas están invitadas.

Una congregación religiosa disponía de una enorme casa cerca del cementerio y todos los años, durante un mes, iban con niñas huérfanas.

Yo las seguía, de lejos, cuando iban de excursión al pino redondo que estaba a las afueras del pueblo, las veía merendar y rezar el rosario, pero jugar, jugaban poco.

Llegué a la puerta.

—¿Quién eres? —me preguntó la monja que me abrió.

—Soy la hija de Anita, la sevillana. Hacemos fiesta en el corral y mamá quiere invitar a todas las niñas a merendar, pero ¡la reina seré yo y el año que viene le toca a mi hermana! ¿Pueden venir?

—Bien, dile a tu madre que iremos con las más pequeñas, las mayores tienen que rezar el rosario.

—Vale, a las cinco pueden venir y ayudar a preparar los adornos. Teo nos ha enseñado a hacer pegamento con harina y agua y vamos a colgar banderitas de colores.

Corrí calle abajo sin despedirme siquiera.

Mi cabeza estaba en mi efímero reinado y en el Toro de Fuego que recorrería las calles del pueblo al anochecer escupiendo cohetes por los orificios de su tosca cabeza de cartón y que este año podríamos ver desde el balcón.

Nada podía salir mal, ¿o sí?...

La casa nueva tenía un pozo en el patio. Mamá pasó toda la tarde baldeándolo y yo miraba cómo salía «humo» de las piedras.

—¡Nos vamos a achicharrar! ¡Como no llegue pronto tu padre me va a dar algo!

Papá había prometido llegar temprano, pero solo faltaba una hora para la merienda y no oíamos llegar el coche.

De pronto:

¡Papiro, pap*i, paripo, piro papi!* Sonó un claxon musical.

—¡Es el coche de Jorge y lo conduce papá! ¡Hola! ¿No viene Jorge? ¿Me has traído una corona? ¿Y el tocadiscos? ¿Había pastelitos de chocolate?

—Hija, ¡eres una ametralladora!

—¿Eso qué es?

—Toma —dijo mientras me metía dos nubes de malvavisco en la boca—. Cállate un ratito, *miarma.*

Entre todos sacamos las cajas de comida, las luces de colores, el tocadiscos y una cantidad enorme de *sprays* de nata, queso y chocolate.

Mamá hizo unas gelatinas de muchos sabores y Miguel trajo una especie de patatas fritas que se llamaban «nachos», que eran de México. Para disgusto de mi madre, las gelatinas quedaron decoradas con nachos de punta.

Montamos una auténtica verbena en el patio.

Todo estuvo listo a su hora y sonaba el tocadiscos con *rock* americano de los sesenta.

En un rincón había una mesa para los mayores.

Ellos no tomaban batidos ni gelatinas. Con un cazo se servían ponche de un lebrillo y comían cacahuetes y avellanas.

—De esto no podéis tomar los niños —me había dicho mamá con el dedo en alto, y eso equivalía a la chancla sí o sí.

Pero de los melocotones del fondo nadie dijo nada y eran una tentación irresistible para mí.

Cuando llegaron las monjas ya se había vaciado el lebrillo dos veces. Papá hacía *playback* con la escoba de palma a modo de micrófono, se despeinaba el pelo y se quitaba la camisa.

Miguel y yo nos habíamos comido dos fondos de melocotones del lebrillo del ponche y estábamos al borde del llanto de tanto reírnos.

Mamá se tapó la cara con el delantal y corrió a detener a las monjas que ya salían por la puerta con las niñas en fila tras ellas, como si fueran dos gallinas cluecas.

Pude alcanzar a la última y le metí en los bolsillos golosinas mientras le entregaba una bolsa de nubes.

—Repártelas. ¿Cómo te llamas?

—Lourdes.

Me dio un beso y no volvimos a encontrarnos hasta veinticinco años más tarde, cuando las dos ya éramos madres y, casualidades de la vida, nuestros maridos eran colegas.

Aún somos amigas.

El fin de fiesta fue el esperado Toro de Fuego. Abarrotamos el balcón y mi hermana y yo nos agarramos a los barrotes en primera fila. Alguien muy tapado con ropas oscuras empujaba una carretilla con cuerpo y cabeza de toro. Los niños corrían delante, detrás, lo rodeaban y lo empujaban mientras de la boca y ojos del toro salían cohetes en todas direcciones.

El ruido era ensordecedor y el humo y el olor a pólvora me secaban la garganta.

—¡Mamá! La hermana está llorando y tiene la barriga negra...

—¡Ay, mi niña! Todos abajo, ¡cada mochuelo a su olivo! Fernando, trae el botiquín, la niña se ha quemado la barriguita.

Y aunque fueron dos quemaduras superficiales y milimétricas mi madre dio por terminada la fiesta y se acostó con mi hermana para consolarla.

Yo bailé «la última» en el patio, sobre los zapatos de papá, mirándolo extasiada.

Ya como reina coronada, me sentía mayor y, aunque solo tenía seis años, noté que se me escuchaba más... Sí, lo sé, como para no escucharme con este torrente, que viene de serie, y esta incontinencia verbal que aún padecen los que me rodean.

Mea culpa.

Así que cuando papá propuso una excursión a La Cruz, no lo dudé. Si había que vivir una aventura sería a lo grande e iríamos por el camino más largo.

La Cruz coronaba un alto desde donde se podían admirar unas preciosas vistas verdes infinitas a un lado y al otro El Pueblo.

¡Claro que había un camino! Pero ¿cómo iba yo a privar a mis padres de saltar muros de piedra seca, reptar bajo las zarzas de los barrancos o trepar a un árbol para saber dónde estábamos? ¡Con dos niñas vestidas de muñecas repollo!

Casi cinco horas para ir y volver. Pero estuvimos los cuatro juntos, solos.

Aún hoy, cuando las cosas se ponen difíciles, todos en la familia usamos la frase «por el camino más largo», como ejemplo de dificultad y disfrute indistintamente.

De vuelta a la civilización, y una vez que mamá gastó el bote de mercromina en los arañazos, quedaba más día...

—Anita, ¿qué tal la excursión? ¿A que el camino que abrieron los de la forestal ha quedado bien? En menos de media hora paseando se llega a La Cruz.

Mi madre puso los ojos en blanco y dijo muy despacio y muy bajito.

—Fernando... ¡Llévatela, porque no respondo!

—¿Qué has hecho? —me dijo Teo.

—Nada... ¿Vamos a ver lo de San Lorenzo? ¿Vienes a llevarme?

—Anita, los zagales nos vamos a la era esta noche, hay lluvia de estrellas. Aprovecha que está Fernando y vais todos juntos. Andrea ha hecho camas de paja y mi abuela le ha dado mantas.

Mamá seguía en trance.

—Papi, ¡di que sí, di que sí! Te prometo que no hay camino largo y que no hablo en un rato.

—Vale, pero ahora a dormir la siesta o te quedas aquí y nos vamos los tres.

—¿Sin cuento?

—Sin cuento. Pero quien se duerma primero gana una moneda con agujerito.

Siempre ganaba él...

Aquella noche, entre sueños y cogidos de las manos, vimos las lágrimas de San Lorenzo.

El camino, afortunadamente, ha sido largo y nos ha traído hasta el hoy, aunque no a todos.

El mes de julio era el más festivo en el pueblo. Se celebraban las fiestas patronales y volvían a casa muchos de los emigrantes. Unos venían de México y otros de Alemania, y todos traían nuevas costumbres, coches llamativos y ropa moderna.

Yo estaba convencida de que los López se iban a Alemania y los Martín a México, como cosa del destino.

La suerte nunca está bien repartida y mientras los «alemanes» luchaban contra la barrera del idioma y el clima, los «mexicanos» lo tuvieron algo más fácil para emprender y triunfar con sus negocios, casarse o adoptar la cultura como propia.

Miguel era nieto e hijo de emigrantes en México. Los abuelos tenían una casa «moderna», con piscina, al otro extremo del pueblo. Su familia nos regaló un sombrero charro que adornó nuestras vidas durante años. También probamos el mole, los tacos, nachos y las enchiladas, las palomitas de maíz arcoíris, los aguacates y los chiles picantes que a mí me hacían llorar solo con olerlos.

Años más tarde trajeron una antena parabólica y se podía ver Televisa.

Así acercaron los dos pueblos y todos sabían quién era la Doña.

Con Miguel hice todo tipo de travesuras y maldades, incluso nos colamos en una chanca (almacén de salado de jamones), y mordisqueamos un jamón escupiendo la grasa hasta llegar a la carne. No recuerdo de quién era la casa, pero desde aquí pido perdón.

Los «alemanes» traían salchichas, chucrut en lata, transistores y la segunda tele que llegó al pueblo.

La primera la trajo papá. Se la regaló un capitán de aviación de la base americana de Morón, pero no la veíamos mucho, había que quedarse parada mirándola y la quietud no era lo mío.

También trajo unos patines metálicos ajustables con unas correas de cuero cruzadas en el empeine.

—No sé cómo se te ocurre traerles patines a las niñas. ¡Con estas calles empedradas y las cuestas!

—No te preocupes, mami. Miguel tiene un casco del futbol que juegan en su colegio, que no es como el de aquí, y Andrea nos ha hecho dos bastones para cada una y podemos bajar hasta la fuente «esquiando».

Mamá seguía relatando.

—Claro, tú te vas y yo me quedo con estos dos rabos de lagartijas, chocándose por estas calles... —Pausa para respirar—. ¡Y no hay casa de socorro!

—Mami, tenemos *mincromina* y solo patinamos en la plaza, que está planito.

Dos días después, la mercromina se había acabado y la plaza se había quedado pequeña.

Yo llevaba pantalones prestados por Rafaela y un paño de cocina enrollado en cada rodilla, el casco de futbol americano, los guantes de fregar de mamá y una almohada por delante y otra detrás atadas con un cinturón de Teo.

Aprendí a patinar, pero no pude evitar tener las rodillas desconchadas todo el verano.

Miguel era pecoso y travieso, como yo. Sabía cuentos mexicanos muy bonitos y no le tenía miedo a nada.

Me contaba historias del día de muertos, que en México se celebraba como una fiesta y se disfrazaban de caninas bonitas que daban miedo y se llamaban catrinas. También me cantaba *Las mañanitas* y juntos hicimos una piñata para mi santo, eso sí, cambiando los caramelos por piedras.

Él haría mi último verano en el pueblo inolvidable, pero no nos volvimos a ver. Quince años después volvía de una fiesta cuando perdió el control de su Mercedes descapotable.

—Buenos días, Anita. ¿Ya se levantó la niña?

—Ahí la tienes, Andrea, dándole vueltas al tazón.

—¿Todavía estás así? Te espero en mi casa dentro de diez minutos. Si no estás me voy sola. ¡Ah! Y coge el sombrero, los míos te quedan grandes.

Tragué, sin masticar, lo que quedaba del desayuno, cogí el sombrero y me calcé unas botas altas que me quedaban grandes y, como el gato del cuento, alcancé a Andrea con tres zancadas cuando llegaba a la plaza.

—Entra. Hoy vamos a recoger plantas para secar. Algunas las usaremos en las comidas cuando llegue el invierno y con otras haremos remedios para curar dolores.

—Y... ¿vamos a ser brujas?

Andrea soltó una sonora carcajada mientras me pellizcaba los mofletes.

—¡Qué disparate! Ven, que te voy a preparar. Ponte este delantal. Tiene muchos bolsillos y podrás guardar todo lo que necesitamos. Estos guantes te quedarán bien. Eran de la comunión de mi sobrino Carmelo, pero los manchó con el chocolate y no los pude sacar a la luz.

—Están todos los dedos rotos... ¡Se me salen!

—Los he cortado yo. Hay que protegerse las manos, pero necesitamos libres las yemas de los dedos. A ver, yo te ayudo.

Con un pañuelo negro al cuello, el sombrero, el delantal gris hasta los tobillos, las botas y los guantes, me paré ante mi reflejo en el espejo de la entrada y murmuré entre dientes:

—¿Que no somos brujas? ¡No, ni na!

—Te he oído. ¡Tira de la puerta y asegúrate de que está cerrada! La gata está en celo y no queremos más gatitos.

—¿Qué?

—¡Tira!

Caminamos por la calle empedrada, cuesta abajo camino de El Prado, hasta salir del pueblo, y seguimos por un camino entre dos muros de piedra seca que delimitaban los huertos.

Llegamos a la última fuente y, tras refrescarnos mojando los pañuelos que llevábamos al cuello y rellenar las cantimploras, seguimos por una senda estrecha que se adentraba en un bosque de pinos, castaños, nogales y helechos que me hacían parecer diminuta.

—Mira, esto es regaliz. Saca del canasto el cucharón grande. Esta la sacamos de raíz.

—¿Se puede comer? ¿Puedo probarla?

—Todo lo que vamos a recoger se puede comer en su justa medida. Pero esta, que huele tan bien, no te gustaría si la pruebas ahora. Cuando volvamos te hago una infusión de raíces con miel. ¡Ya verás!

A media mañana ya distinguía el orégano, tomillo, espliego, romero, hipérico, manzanilla y el regaliz.

Todo lo dispusimos en ramitos individuales atados con cuerdas de distintos colores. Manolito colgaría los ramos boca abajo en las vigas del techo, quedando este muy bonito y colorido.

Andrea guardaba las raíces en botes etiquetados en una de las profundas alacenas para protegerlas de la luz

Casi todo lo que sé sobre plantas y remedios naturales lo aprendí de ella. La miraba embobada cuando preparaba las infusiones, decocciones, tinturas o aceites esenciales. Cada preparado tenía su propia coreografía, hipnóticas siempre para mí.

Esos olores de las plantas silvestres serían un recordatorio de mi infancia y de Andrea el resto de mi vida.

El último verano en El Pueblo no conseguimos una casa para nosotros solos y creo que mis padres fueron los precursores del *bed and breakfast* serrano.

Una casa enorme que hacía de esquina en la calle del cementerio, y que compartiríamos con el matrimonio propietario y sus dos hijos de ocho y diez años, nos acogería de junio a septiembre.

En cuatro años, El Pueblo había cambiado mucho.

Ya no habría sesiones radiofónicas ni de labores en casa. Ahora veríamos la tele con nuestros anfitriones después de comer. Casi siempre una peli del oeste.

Había luz y agua corriente en todas las casas, una cabina de teléfono había crecido cual champiñón en la plaza y los autobuses a la capital pasaban dos veces al día.

Todos los miércoles y sábados llegaba una furgoneta frigorífica con pescado desde la costa.

A mí me gustaba acompañar a mi madre a la compra.

El pescadero se anunciaba tocando el claxon y con un altavoz incorporado en el techo del vehículo. Aparcaba en la plaza y dejaba abierto un saquito de hielo picado para que los niños pudiéramos coger un puñado.

Mamá nos preparaba unos vasitos telescópicos de aluminio con fruta picada y yo me deleitaba con mi granizado, sentada en las escaleras de la iglesia, bajo la morera, mientras las mujeres revoloteaban alrededor del puesto.

—Hoy he comprado sardinas y las comeremos en el patio, a la brasa. Viene tu padre y quiero que comamos todos juntos.

—¿Francisco y su hermano también? ¡No me gustan! Matan pajaritos con el tirachinas y me dicen «huevo *escribaneja*, cara de lenteja».

—Son niños y son muy brutos, pero no les hagas caso. Seguro que antes de que termine el verano sois amigos.

Mamá baldeó el patio y puso una mesa grande bajo la parra. Sobre la mesa, un jarrón grande con flores de los arriates.

Encendió la barbacoa y puso la bandeja de sardinas sobre la mesa.

—Vigila que no se paren las moscas. Voy a por el picadillo.

Y aquí empezó todo.

Me distraje persiguiendo una mariposa y di la espalda a la mesa.

Oí un estruendo de vajilla rota, sillas al suelo y a mi madre gritar como si atacaran los comanches.

Desde el corral, Francisco, el chico, voceaba:

—¡La guarra se ha escapado! ¡Se ha escapado la guarra!

La guarra pesaba trescientos kilos y según mi madre era caníbal porque se había comido a algunas de sus crías de la última camada.

Horrorizada, corrí a la cocina y vi a mi madre subida a la mesa, con la falda levantada y dejando ver unos pololos de lunares que tenían hipnotizado a Francisco grande. Su mujer corría escoba en mano tras lo que yo creía que era un gato y resultó ser una rata tamaño *kingsize*.

—¡Una rata! ¡Una rata! ¿Qué haces aquí? ¿Y las sardinas? ¡Una rata! ¡Una rata!

Volví la cabeza hacia el patio. La guarra caníbal devoraba las sardinas y las flores del jarrón.

Mi padre apareció en ese momento y se paró en seco contemplando boquiabierto la escena mientras sostenía un melón y dos bloques de helado que empezaban a chorrear.

—¡Ay, Fernando! ¡Una rata! ¡Una rata! ¿Qué traes? ¿Helado? ¡Mételo en el congelador que acabo de limpiar el suelo! ¡Una rata! ¡Una rata!...

Todos permanecimos «congelados» mientras mamá zapateaba la mesa, Francisco grande apuraba su chato de vino y su mujer cazaba la rata.

No sé qué culpa de todo este disparate tenían las sardinas, pero mamá no dejó de repetir durante toda la tarde: «¡Qué vergüenza! No compro más sardinas, no compro más sardinas...».

Una escena digna de *El guateque*.

Por una vez, yo era inocente.

Ese verano de mis siete años sería, sin saberlo, el último en El Pueblo.

En adelante, mis veranos serían compartidos con mis primos, pero esta será otra historia que abordaré cuando remate la presente.

—Fernando, Jesús ya ha cargado la furgoneta y quiere saber a qué hora salimos. Ve montando a las niñas que voy a despedirme de Mercedes. —Mamá resopló con fuerza—. ¡Niñas, nos vamos! Id subiendo y no os peleéis. Yo voy a por el agua y la cesta de pícnic.

Subimos a la furgoneta que estaba aparcada al sol y tal y como nos sentamos salimos disparadas por la otra puerta.

—¡Mamá! ¡Qué peste! ¡Yo no me subo!

—Cuando venga tu padre me va a oír. ¡Jesús, baja mis cosas y las de las niñas!

Llegó papá con cara de no haber roto un plato.

—¿Qué te dije del queso? ¡No se puede respirar ahí dentro!

—Anita, es un regalo de Rafaela y no quería hacerle el feo.

—¡Eso, y me llevo a las niñas dos horas de aquí a Sevilla vomitando entre las curvas y el olor! ¡Que huele a pies, Fernando, huele a pies! Mira, tú vete en la furgoneta que las niñas y yo nos vamos en el autobús.

Curiosamente nos iríamos como llegamos la primera vez.

El autobús paraba a la entrada del pueblo.

Mercedes y Jesús, los abuelos, nos acompañaron en la espera. Celestina y Teo vinieron a despedirse y traían una cesta de huevos y verduras de la huerta. Teo me dio una de sus cajitas misteriosas.

—No la abras hasta que subas al autobús.

Miguel y los otros chicos pasaron camino de la alberca y con un tirón de trenza, Francisco volvió a cantarme «huevo *escribaneja*, cara de lenteja».

¡Qué cosqui le habría dado de haber podido! Pero mamá, que estaba al quite, me dijo:

—Recuerda que eres una señorita.

En ese momento comenzaron a replicar a gloria las campanas.

—Qué raro, no es la hora.

El abuelo me guiñó el ojo y yo supe que el campanero tocaba para mí: era su despedida.

Ya en el autobús yo permanecía de pie, mirando hacia la plaza.

—¿Todos arriba? ¡Tomen asiento, que nos vamos!

Corrí hasta la ventanilla trasera y caí de espaldas con el frenazo.

—¿Qué pasa? —preguntó mamá—. ¡Levántate del suelo y sacúdete la ropa, Ana María!

—Andrea, la de la plaza, que está atravesando la carretera con las cabras. Me ha hecho señas para que pare.

Allí estaba ella, con su mirada pícara e inteligente, sujetando mi libro de plantas que ella me enseñó a secar. Se acercó a la ventanilla y me lo dio mientras me sujetaba una mano.

—Sé buena. Te estaré esperando cuando vuelvas.

—¡Gracias, Andrea! El verano que viene.

—Cuando vuelvas...

Con mi libro sobre las piernas recordé la cajita de Teo. La abrí con mucho cuidado. En el fondo había un hueso de melocotón, una pluma azul, un canto rodado de la ribera y un ala de mariposa.

No podía imaginar mayor tesoro.

SAURE

EPÍLOGO

Un día del último verano en el pueblo, mamá recibió una llamada de teléfono que la dejó ensimismada hasta nuestra vuelta a casa. Con siete años no fui capaz de darme cuenta de lo que pasaba, así que no viví nuestra marcha de El Pueblo como una despedida.

Nada más volver a Sevilla nos mudamos de casa, al otro extremo de la ciudad. Contraje sarampión, paperas y varicela en poco menos de dos meses, adquiriendo una mala salud de hierro que me acompañaría hasta nuestros días.

Tuve mi primer amor platónico, Pepe, el practicante que venía cada tarde de mi larga convalecencia a ponerme las inyecciones contra la anemia.

Cambié de colegio y de amigos y me entregué a la lectura compulsiva de todo tipo de libros.

Todos los años, en Navidades y Tosantos recibíamos paquetes desde El Pueblo con gran variedad de viandas: jamón, chorizos, morcillas, tocino, castañas, nueces, almendras, bellotas dulces tostadas y un amplio surtido de dulces serranos.

Por muchos años mi casa fue parada y fonda de todos los que venían a hacer un trámite administrativo o para los acompañantes de los enfermos que ingresaban en el hospital cercano. Así guardamos el contacto y supe de la boda de Teo, la emigración de Francisco, el doctorado de Rosalía... y el cómo y cuándo se fueron los abuelos, Andrea, el campanero, Quintín y Miguel.

Volví de nuevo, sola, a los dieciocho años. Todo era bastante reconocible para mí, aunque las dimensiones habían cambiado y hasta la iglesia me parecía más pequeña.

Me quedé con Rafaela. El abuelo, su marido y dos hijos ya habían fallecido.

Pude saludar a algunas de las tertulianas radiofónicas de mi madre, subir al campanario, pasear hasta la ermita y tumbarme en la era para ver las nubes pasar. El Pueblo seguía siendo el mismo, pero yo no.

Estos recuerdos de mi infancia son compartidos, a modo de homenaje, no solo a mi pueblo y sus habitantes, sino a todos los pueblos de cualquier parte del mundo y a las personas que los habitan y cuidan de las tradiciones, viviendo en armonía con la naturaleza una vida sin prisas.

Sé que he dejado algunos pequeños misterios en mis escritos, y he decidido desvelarlos cuando pueda ver la luz otro libro que los recoja.

Gracias por acompañarme en este viaje en el tiempo.

FILMOGRAFÍA

Listado de las películas que aparecen en este libro en orden de lectura:

García Berlanga, José Luis (director), 1953:
Bienvenido, Mr. Marshall, Uninci. España.

Kazan, Elia (director), 1951:
Un tranvía llamado deseo, Warner Bros, Estados Unidos.

Hand, David (director), 1937:
Blancanieves y los siete enanitos, Walt Disney Productions. Estados Unidos.

Kubrick, Stanley (director), 1980:
El resplandor, Warner Bross. Reino Unido-Estados Unidos.

Mulligan, Robert (director), 1962:
Matar a un ruiseñor, Universal Pictures. Estados Unidos.

Blake, Edwards (director), 1968:
El guateque, United Artists. Estados Unidos.

LIBROS REFERENCIADOS

Esto no es una bibliografía, es una simple relación de los libros referenciados. Cualquiera de las ediciones de cualquiera de las editoriales que los han publicado es una gran elección para hacerte con ello.

Allende, Isabel, 1982: *La casa de los espíritus.*

Esopo: *La cigarra y la hormiga.*

Brontë, Emily, 1847: *Cumbres borrascosas.*

García Márquez, Gabriel, 1967: *Cien años de soledad.*

Jiménez, Juan Ramón, 1914: *Platero y yo.*

Dickens, Charles, 1838: *Oliver Twist.*

Recetas
de
El Pueblo

Receta de las migas

<u>Ingredientes:</u>

- Papas, pan, ajos, aceite, sal y vino.

Elaboración:

- Pelar las papas y cortar en redondo, calentar el aceite en la sartén.
- A continuación, se ponen las papas acompañadas de bastantes ajos sin pelar y se dejan cocer.
- Cuando están «pochas» se les escurre el aceite y se cubren con rebanadas finas de pan asentado.
- Más tarde se riega el pan con agua y vino, todo esto se va aplastando con la espumadera con la que también se va picando la masa.
- Las migas hechas se consumen en la misma sartén en que se cocinan acompañadas de mosto, sardinas embarricás y aceitunas.

Breve historia de las migas de Tosantos

Las migas de Tosantos de Santa Ana la Real tienen su origen en una antigua tradición que llevaba a los monaguillos, el día 1 de noviembre, Día de Todos los Santos, por todas las calles del pueblo pidiendo frutos típicos del otoño (castañas, nueces, peros...), y de los que después daban buena cuenta en lo alto del campanario de la iglesia mientras tocaban las campanas en señal de duelo durante todo el día de los difuntos, día 2 de noviembre.

Gracias a los alumnos y profesores del Centro de Adultos, al colegio de Primaria y a la imprescindible colaboración del Ayuntamiento se mantiene viva esta tradición.

En «LAS MIGAS DE TOSANTOS» participan y colaboran muchos santaneros de forma desinteresada y son un buen ejemplo de la convivencia y hospitalidad serrana.

Receta de pestiños

Ingredientes:

- 1 kg de harina.
- ½ vaso de aceite de oliva.
- Ajonjolí, matalahúva, canela y un par de clavos.
- 1 vasito de anís o aguardiente.
- Raspadura de un limón.
- Una pizca de sal.
- Una pizca de bicarbonato.
- 2 vasos de zumo de naranja natural y miel.

Elaboración

- Introducir en un recipiente la ralladura de la corteza de limón, harina, sal bicarbonato y la canela. Mezclar con una cuchara de madera.

- Tostar el ajonjolí, matalahúva y los clavos, hasta que empiecen a oler. Majar y añadir a la masa junto al vasito de anís.

- Calentar el aceite y añadir poco a poco a la masa anterior, revolviendo continuamente con la cuchara.

- Seguidamente, se añade el zumo de naranja, previamente calentado, poco a poco amasando hasta que la consistencia de la masa sea la adecuada para estirar con un rodillo y no se quede pegada ni en la mesa ni en el rodillo.

- Dejar reposar una hora.

- Hacer las particiones, estirar con el rodillo y dar forma.

- Freír en abundante aceite muy caliente. Pasar por miel caliente rebajada con agua.

Receta de piñonate

Ingredientes:

- Una docena de huevos.
- Una copa de aguardiente.
- Canela (al gusto).
- Sal.
- Cuatro cascarones de aceite de girasol (mitad de una cáscara de huevo).
- Harina (la que admita).
- 600 gr de azúcar.
- 600 gr de miel.

Elaboración:

- En un bol o cuenco se incorpora la docena de huevos, la copa de aguardiente, la canela, sal y harina. Se bate todo muy bien hasta que quede homogéneo.

- Dejar reposar la masa para que endurezca un poco. Una vez pasado el tiempo de reposo daremos forma a la masa (lazos o bolas).

- Se fríen en una sartén con abundante aceite y, una vez fritos, los pasaremos por el almíbar que previamente hemos elaborado mezclando el azúcar con la miel.

Recetas de roscos fritos

Ingredientes

- 2 huevos.
- 1/2 vaso de zumo de naranja natural.
- 12 cucharadas de azúcar.
- 10 cucharadas de aceite de oliva.
- 1 sobre de levadura.
- 1 cucharada de canela en polvo.
- Aceite suficiente de girasol para freírlos.

Elaboración:

- Mezclar en un recipiente los huevos batidos, el azúcar, el zumo, aceite de oliva, harina y levadura.

- Aceitar las manos para hacer churros con la masa y dar forma a los roscos.

- Calentar el aceite a temperatura media para que la masa no quede cruda por dentro.

- Usar un par de palillos para darle la vuelta y, una vez fritos, ponerlos a escurrir en una rejilla.

- Mezclar la canela con el azúcar (al gusto) y rebozar los roscos en caliente por las dos caras.

Receta de las rosas de miel

Ingredientes:

- 100 gr de harina de repostería.
- 7 huevos.
- 1 litro de aceite de girasol para freír las rosas.
- 1 litro de miel de buena calidad.

Hay que usar un molde llamado florón. Si el florón (molde metálico) es nuevo, curar en aceite caliente unos minutos para evitar que se pegue la masa.

Elaboración:

- Poner la harina y los huevos en un recipiente hondo y remover.

- Se deja reposar la masa dos horas, quedando una masa ligera, pero consistente.

- Calentar el aceite en un recipiente que permita cubrir el molde entero y se pueda mover arriba y abajo. Introducir el molde en la masa, pero sin llegar hasta el borde, dejando un centímetro.

- Meter seguidamente en el aceite caliente e ir moviendo arriba y abajo, con movimientos circulares, para que se desprenda en unos segundos la masa del molde. Se puede ayudar con una cucharilla para empujar un poco. La flor se despegará enseguida. Sacar y poner a escurrir sobre un papel. En unos segundos se dorará toda la masa, voltear, ayudándose de un par de palillos, sacar y calentar la miel. Antes de que hierva, enmelar las rosas.

Receta del ponche

Ingredientes:

- 1 k y 1/2 de melocotones dulces y maduros.
- 3 litros de vino blanco (mosto del Condado de Huelva).
- 1 litro de gaseosa La Casera.
- Azúcar y canela al gusto, teniendo en cuenta que la gaseosa también endulza.

Elaboración:

- Pelar y trocear, muy menudos, los melocotones.
- Ponerlos a macerar una noche (a oscuras) en lugar fresco con el resto de los ingredientes, menos la Casera, que se agrega al día siguiente.
- Remover hasta que se vaya el gas.
- Enfriar y servir dejando caer, generosamente, trocitos de melocotón en cada vaso.
- Al ponche no se le añade hielo y se mantiene frío introduciendo un recipiente en el lebrillo con hielo.

EL ORIGEN DE LA SEDA

A la antigua morera del porche

Estabas ahí, redondamente verde, como reina solitaria del porche de la iglesia, llenándolo todo,
siendo todo: lugar de encuentro para ancianos, escondite de niños en las tardes de juego, parasol
en las fiestas y paraguas de las primeras lluvias del otoño.
Era tuyo el porche todo y nuestra toda tu verde sombra del verano.
Fueron tus hojas, robadas a escondidas, el origen de la seda de aquella nuestra infancia.
Y tus ramas, las cómplices calladas de los primeros amores en las noches de bailes.
Fue a través de ti y tus distintos ropajes, que aprendimos de niños el cambio de las cuatro estaciones cada año.
Ahora ya no estás. Te has ido como nos vamos yendo todos, pero sigues en el recuerdo ocupando
el centro del banco redondo del paseo.
Mil gracias verdes por todos los años de sombra y de vivencias que nos has regalado a la gente de este pueblo.

J.A.M.G.Mayo de 2017

A Juan Antonio Muñiz González:

Gracias por compartir juegos infantiles y por tus valiosos consejos para que este libro se hiciera realidad.

ÍNDICE

Este libro se terminó de editar en Granada
en julio de 2025 por

Aliarediciones

www.aliarediciones.es
info@aliarediciones.es